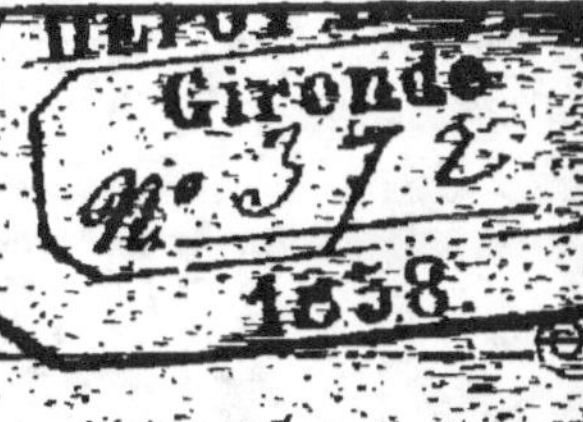

NOTICE

SUR LE SANCTUAIRE

OÙ SONT DÉPOSÉES LES RELIQUES

de la

Bienheureuse GERMAINE COUSIN

DANS LA CHAPELLE SAINT-JACQUES,

à Bordeaux.

BORDEAUX

TYP. DE J. DUPUY ET COMP., RUE GOUVION, 20

1858

NOTICE
SUR LE SANCTUAIRE

où sont déposées les Reliques

DE LA

BIENHEUREUSE GERMAINE COUSIN,

DANS LA CHAPELLE SAINT-JACQUES,

A BORDEAUX.

1855

I.

Un mot d'abord sur l'origine du culte de la
Bienheureuse Germaine à Bordeaux. Dans l'été
de l'année 1855, c'est-à-dire quelques mois
seulement après les fêtes de la Béatification,
un Père de la Miséricorde, compatriote de la
Bienheureuse, fit, dans la chapelle de la maison, une instruction très-simple sur les vertus
de l'humble servante de Dieu. C'en fut assez
pour inspirer à un grand nombre de personnes
une tendre dévotion à la sainte Bergère. On
crut reconnaître là une indication de la Providence. Une neuvaine fut annoncée, et l'on pré-

para une châsse pour une petite relique de la Bienheureuse. Sur ces entrefaites, Mgr Estrade, postulateur de la cause de la Bienheureuse Germaine, passe à Bordeaux; il apprend le projet, il s'en réjouit, et offre une relique plus considérable, qui est placée dans la châsse. La neuvaine a lieu, elle est suivie avec empressement; et à dater de ce moment, le culte de la bergère de Pibrac se répand avec rapidité dans la ville entière. A toutes les heures du jour, les pèlerins se succèdent dans la chapelle Saint-Jacques. Dès le mois d'octobre, une Association est établie en l'honneur de la Bienheureuse Germaine, avec l'approbation et les encouragements de Son Eminence le Cardinal Donnet, qui daigne l'enrichir de précieuses indulgences (*). — Le premier dimanche et le premier lundi du mois, la messe de l'Association est célébrée dans la chapelle

(*) On trouve, chez le concierge de Saint-Jacques, le règlement de l'Association avec le détail des faveurs spirituelles qui y sont attachées.

Saint-Jacques, au milieu d'un nombreux concours de fidèles; après le salut du soir, le premier dimanche, on chante avec enthousiasme
le refrain d'un des cantiques les plus populaires,
en l'honneur de la Bienheureuse :

> Pauvre bergère ,
> Germaine, en toi
> La France espère ,
> Porte à Dieu notre foi.

Ce pieux empressement, Dieu se plait à le
bénir. Bientôt, on entend de touchants récits.
Ce sont les conversions les plus admirables
obtenues par l'intercession de la Bienheureuse;
c'est, dans toutes les classes de la société, mais
surtout parmi les petits et les pauvres, un plus
vif amour de la patience, de l'humilité, de la
mortification, de ces vertus cachées, mais su-
blimes qui, en peu de temps, élevèrent une
pauvre fille des champs à une gloire si haute.
On raconte aussi que Germaine, si secourable
aux malheureux ici-bas, signale encore sa
bonté par des guérisons qu'avec la voix publi-
que nous appellerions volontiers *miraculeuses*,

si l'Eglise, dans sa prudente sagesse, n'ordonnait pas d'attendre son jugement. — Un soir, dans la chapelle Saint-Jacques, se trouvait une pauvre vieille femme qui, depuis vingt ans, ne faisait presque aucun usage de ses deux bras, par suite de douleurs rhumatismales. On l'engage à se recommander à la Bienheureuse Germaine. Elle suit ce bon conseil; elle commence une neuvaine. Au bout de quelques jours, ses deux bras étaient libres; elle pouvait manger, s'habiller, travailler. — Un honnête ouvrier était, depuis dix mois, réduit à l'état le plus déplorable, par une maladie non moins dégoûtante que cruelle. Sa femme le soignait avec un dévouement héroïque; mais la maladie n'avait pas tardé à produire la misère; le pauvre ménage manquait de tout. Les membres de la Société de Saint-Vincent-de-Paul, qui visitaient le malade, l'engagent à se faire transporter à l'hôpital. Assurément, il eût trouvé là des secours appropriés à sa situation; mais l'infortuné éprouvait pour l'hôpital une répugnance que

personne ne pouvait vaincre. « Laissez-le, dit
» le médecin ; il a si peu de temps à vivre,
» qu'il n'est pas nécessaire de le contrarier à
» ce sujet. » Cependant, on a recours à la Bienheureuse Germaine ; une messe est dite, des
linges bénis sont approchés de la relique, puis
portés au malade. Quelques jours après, ce
brave ouvrier quittait son lit de douleur, et ve-
nait, dans la chapelle Saint-Jacques, témoi-
gner par une communion fervente sa reconnaissance à Dieu qui l'avait guéri, et à la Bienheureuse qui avait intercédé pour lui auprès de
Dieu.

Dès l'époque de la neuvaine prêchée à la
suite de la mission de 1856, quelques personnes pieuses désirèrent voir les reliques de la
Bienheureuse Germaine en un lieu plus honorable que le modeste recoin où, tout d'abord,
on les avait déposées. Une portion de l'église
Saint-Jacques n'avait pas encore été rendue à
sa destination première et sacrée ; c'était un
sanctuaire, situé au nord, et surmonté autre-

fois par la tour. Des dames dévouées à la Bienheureuse jetèrent les fondements de l'entreprise avec une générosité digne de leur foi; on crut pouvoir compter sur le concours de nombreux fidèles qui venaient si souvent invoquer ou remercier Germaine Cousin, et les Pères de la Miséricorde résolurent de ne rien épargner pour rendre ce sanctuaire digne de celle dont il devait renfermer les restes précieux (*).

On voulait une œuvre éminemment chrétienne et éminemment artistique; on devait s'adresser à l'architecte distingué qui continue si noblement à Bordeaux les traditions de talent, de savoir, et de goût, d'une famille justement honorée : M. Alaux fut choisi. Il conçut le plan du nouveau sanctuaire, aujourd'hui exécuté par des artistes et des ouvriers Bordelais comme lui, et vraiment capables de réaliser sa pensée.

(*) Après la canonisation, qui, nous l'espérons, aura lieu bientôt, le sanctuaire sera consacré solennellement à SAINTE GERMAINE.

II.

Après avoir percé le mur énorme de l'église Saint-Jacques, et construit hardiment une arcade en tiers-point, large de 3ᵐ 80, M. Alaux se trouvait en possession d'une chapelle carrée, ayant 5ᵐ 50 en tout sens, mais dont la profondeur est augmentée par l'épaisseur de mur qui n'a pas moins de 2 mètres. La voûte a 7ᵐ 25 de hauteur, sous clef. C'est cette chapelle que l'habile architecte vient de restaurer et de décorer.

Dans ce sanctuaire, ce qui frappe de prime-abord, c'est l'harmonieuse unité du tout, puis cette richesse qui n'éblouit pas, parce qu'un goût délicat a marqué la limite au-delà de laquelle commencerait la profusion. Pourtant, nous sommes en plein quinzième siècle. On ne pouvait remonter plus haut; il fallait se conformer au style de l'édifice dans lequel est compris le sanctuaire restauré. D'ailleurs ce style flamboyant, si fort au-dessous du gothique primitif, dans les vastes édifices où l'on cherche surtout une simplicité majestueuse, est loin de manquer de grâce, appliqué sobrement à des oratoires dont l'exiguïté comporte moins la sévère beauté des grandes lignes. En étudiant l'œuvre de M. Alaux, quelque intraitables qu'ils soient, les partisans du treizième siècle *quand même* pourront dire : « Avec un archi-» tecte excellent, tous les styles sont bons. »

Voyons maintenant quel parti l'architecte Bordelais a su tirer de ce petit carré, où il entrait glorieusement par la brêche, devenue arc de triomphe de la Bienheureuse Germaine Cousin.

La voûte, formée par deux arcs légèrement surhaussés qui se coupent à angle droit à leur sommet, est d'un bon style. Elle a été réparée et l'architecte a eu l'heureuse idée d'y placer une clef sculptée, portant un *écu armoyé* qu'il a composé pour la Bienheureuse. Quatre anges tiennent et couronnent cet écu, orné de trois moutons argentés et d'un bouquet doré, le tout sur fond d'azur. L'unique fenêtre qui existait à l'orient a été refaite; en face une fenêtre pareille a été ouverte; au centre de l'arc formeret du nord, s'est épanouie une de ces belles roses, gloire des constructions ogivales.

Ces premiers travaux achevés, il fallait décorer la chapelle, et en faire un brillant joyau de pierre et de verre. Alors, sous la direction de l'habile architecte, artistes et ouvriers, se sont mis à l'œuvre. Ici, nous disons : « Cette » œuvre est achevée. Venez donc, et voyez. » Décrire une œuvre d'art est chose difficile et délicate; c'est marcher d'un pas ferme et sûr entre le compte-rendu sec qui ennuie, l'éloge que le public accepte avec méfiance, et la fantaisie qui ôte à la description sa fidélité — *Venez et voyez.*

Depuis la clef de voûte jusqu'au carrelage, l'œil ne rencontre que couleurs brillantes, mais combinées si harmonieusement que, loin de distraire l'âme, elles la disposent au recueillement. L'arcade qui réunit la chapelle à l'é-

glise est ornée d'une peinture jaune-clair, re-
haussée par des pierres marquées et quelques
fleurs. Au-dessous, une large dalle, émaillée
de petites rosaces incrustées, marque la largeur
de l'arcade. Au-delà de cette dalle, le sol est
recouvert d'un carrelage en terre cuite d'O-
range à compartiments rouges et noirs, dispo-
sés en carrés, en triangles, en zig-zags. C'est
une reproduction de ces carrelages si répandus
au moyen-âge et qui, dès l'époque romane,
couvrirent des surfaces trop étendues pour per-
mettre, à moins de dépenses énormes, l'emploi
des mosaïques.

Élevé de 0ᵐ 60 au-dessus du sol de la chapelle, le sanctuaire proprement dit en est sé-
paré par une charmante grille, dont les moins
connaisseurs peuvent apprécier l'élégance. Cette
grille sort des ateliers de M. Lannes, l'habile
forgeron qui, sous la direction de M. Alaux, a
puissamment contribué à la régénération d'une
industrie tombée en oubli depuis le XVIIᵉ siècle. Le XIIIᵉ siècle, qui a produit tant de pro-

diges de ferronnerie, ne la désavouerait pas. Qu'on n'y cherche point l'ogive; l'ogive est une arcade, les arcades conviennent aux monuments et non pas aux grilles. Les traditions et les grilles qui existent encore le prouvent surabondamment.

Le sanctuaire est pavé en mosaïque, formée de très-petits cubes de terre cuite de 15 millimètres de côté. C'est une vraie tapisserie en briques de diverses couleurs; le dessin en est très-gracieux.

III.

L'autel, dessiné comme tout le reste (sauf les vitraux), par l'architecte, a été exécuté par M. Jabouin. La pierre est admirablement taillée, les profils coupés avec une rare précision, la sculpture d'ornement est aussi traitée avec une délicatesse extrême; tout, dans cette œuvre, justifie la confiance que les architectes accordent généralement à M. Jabouin. La table, formée d'une seule pierre, a 2ᵐ 20 de longueur.

Sa partie postérieure repose sur un arrière-corps servant de fond à l'autel, et sur lequel ont été sculptés, par M. Belloc, deux bas-reliefs rappelant les deux miracles de Bourges.

Celui de droite représente la multiplication des pains. Inquiète de l'extrême indigence de son monastère, la supérieure du Bon-Pasteur a demandé *du pain* à la Bienheureuse Germaine; mais déjà deux fois son attente a été frustrée. La sœur panetière, un peu ennuyée de voir les autres sœurs lui demander sans cesse des nouvelles du miracle espéré, exécute pourtant avec une entière soumission les ordres de sa supérieure, et commence à préparer la pâte avec huit corbeilles de farine, au lieu de vingt-quatre. La pâte se multiplie entre ses mains, tandis que sa compagne dépose les pains dans le four. Par une licence permise à l'artiste, M. Belloc fait apparaître la Bienheureuse, à laquelle la bonne sœur panetière semble demander pardon de son peu de confiance.

A gauche, la multiplication de la farine. Une

des sœurs en a conduit trois autres dans le grenier du monastère, et leur montre tous les sacs remplis jusqu'au bord. Les attitudes des religieuses sont pleines de vérité. Elles expriment, avec des nuances diverses, la surprise, la joie, et ce recueillement profond dans lequel tombent les âmes pieuses à la vue des prodiges de la main miséricordieuse du Seigneur.

La partie antérieure de la table est portée sur trois colonnettes, dont les fûts, moulurés en spirale, reposent sur des bases octogonales et sont surmontés d'élégants chapiteaux à feuillages variés et d'une grande finesse d'exécution. A droite et à gauche de l'arrière-corps, deux colonnettes, recevant deux tablettes, forment crédences.

Le XVe siècle est précisément l'époque où l'on commence à placer, sur l'autel même, un tabernacle destiné à contenir la Sainte-Eucharistie, jusque là conservée tantôt dans une colombe d'argent ou d'or suspendue au-dessus de l'autel, tantôt dans une petite tour également suspendue, tantôt dans une armoire prise dans la muraille. Aussi, sur notre autel, un gracieux tabernacle s'élève en avant d'un gradin étagé sur lequel sont posés les chandeliers. Le gâble de ce tabernacle est orné de crochets sculptés et surmonté d'un fleuron. La partie inférieure des deux remparts est terminée par deux Anges musiciens, tenant des instruments du temps. Le tympan est ajouré par deux petits arcs ogivaux, reposant de chaque côté sur les chapiteaux des deux colonettes qui flanquent la porte du tabernacle à leur point de réunion. Ces arcs se terminent par un ange tenant un phylactère, sur lequel on lit : *Ecce panis angelorum*.

IV.

Derrière le tabernacle, s'élève une sorte de piédestal, flanqué de deux contreforts rampants. Sur ce piédestal repose la statue de la Bienheureuse. La fille de Laurent Cousin porte le costume de bergère ; elle tient sa houlette ; un agneau est couché à ses pieds ; des fleurs tombent de son tablier. Son costume, vrai pour la forme, ne peut l'être par les couleurs. Il n'était pas possible de la représenter ici dans son état de pauvreté. Sur les vitraux se déroulent les scènes de la terre; ici, l'humble bergère a traversé la mort, elle est glorifiée, triomphante; ses habits doivent être riches et brillants.

La physionomie de la statue est grave, modeste, recueillie; c'est bien une statue de *Sainte*. En un temps où l'art a souvent, dans nos temples même, de si étranges caprices, cette qualité mérite des éloges. Elle était ici d'autant plus nécessaire, qu'il s'agissait d'une image devant laquelle l'on viendra bien souvent répandre des prières et des larmes.

A droite et à gauche, deux Anges richement vêtus tiennent des candélabres, et éclairent la statue.

V.

Nous dirons peu de chose des couleurs dont le savant et harmonieux mélange défie toute description. Suivant les traditions du moyen-âge, la voûte est peinte en bleu d'outre-mer, parsemé d'étoiles d'or à six branches. Les nervures sont enrichies de divers ornements et de quelques dorures. Les culots d'angles qui portent ces nervures, sont des Anges tenant des phylactères sur lesquels on lit :

> Ego flos campi.
> Exaltavit humiles.
> Conversus est retrorsùm.
> Date, et dabitur vobis.

Les fenêtres sont ornées de moulures ainsi que la rose. Dans ces moulures sont peintes des guirlandes qui rappellent le miracle des fleurs. Le fond des murs est peint d'un ton vert extrêmement doux ; ce fond, dont le calme fait ressortir les vitraux, l'autel et la voûte, est parsemé de moutons et de fleurs qui rappellent encore la sainte Bergère et les champs témoins de ses prières, de ses souffrances et de ses extases. La partie inférieure des murs est revêtue d'une peinture brune, ornée de fleurs. Cette partie, base de toute la décoration murale, devait être plus ferme et plus solide de ton ; elle représente le voile, le rideau qui entourait autrefois les autels.

Toutes les peintures de la chapelle ont été exécutées par M. Vincent, peintre décorateur, avec un soin parfait.

Passons aux verrières.

VI.

Il y a cinq ans, des ateliers de M. Thibaut, le célèbre peintre verrier de Clermont, arrivait à Bordeaux un jeune artiste doué de riches facultés, mais encore *inconnu*. C'était un de ces hommes qui conçoivent l'art, comme le concevaient au XIIIe siècle les membres de la confraternité des élèves de Giotto, quand ils disaient : « *Nous autres, peintres, nous ne nous*
» *occupons d'autre chose que de faire des Saints*
» *et des Saintes sur les murs et sur les autels,*
» *afin que, par ce moyen, les hommes, au grand*

» *dépit des démons, soient plus portés à la vertu*
» *et à la piété.* » Notre-Dame de Talence, pour
laquelle il exécuta le gracieux médaillon de
l'*Adoration des Mages*, lui fut secourable; et la
ville de Bordeaux lui fut hospitalière. Depuis
son arrivée dans la capitale de l'Aquitaine,
M. Villiet a marché de succès en succès. On
lui doit les remarquables verrières de Saint-
Seurin et de Sainte-Eulalie; à Saint-Michel,
il a lutté avec honneur contre un artiste dont
la réputation est depuis longtemps éclatante,
M. Maréchal, de Metz; il a exécuté à la Prima-
tiale cette série de fenêtres rayonnantes, qui
lui a valu d'augustes éloges; à Saintes, à Saint-
Euverte d'Orléans et ailleurs, il a donné des
preuves d'un talent qui grandit toujours et
qu'attestaient hier encore les félicitations de la
*Société Française pour la conservation des Mo-
numents*, et une médaille d'or, décernée par
l'Académie de Bordeaux. M. Villiet a créé et
exécuté les douze médaillons dans lesquels se
déroule l'histoire de la Bienheureuse Germaine.

Vu les conditions de style, de lumière (*) et d'espace dans lesquelles il se trouvait emprisonné, M. Villiet ne pouvait faire que des grisailles de la bonne Renaissance; il ne faudrait donc pas demander à ses jolis camaïeux *sépia*, rehaussés de quelques couleurs, les splendides effets de lumière que l'artiste sait produire en temps et lieu, témoin la chapelle du Scapulaire à Saint-André.

Examinons successivement chacun des médaillons.

FENÊTRE DU COUCHANT.

Premier médaillon. — C'est la traduction expressive de ces paroles d'un des historiens de la Bienheureuse: « Voilà de quelle sorte Ger-
» maine commença la vie : pauvre, infirme,
» orpheline, placée sous le joug d'une marâtre.
» Mais n'en jugeons pas comme le monde, ce

(*) Environnée de constructions qui la serrent de trop près, la chapelle ne reçoit du dehors qu'une lumière faible et très-inégale.

» furent les premières grâces de Dieu. C'es
» aux misères de sa condition que Germain
» dut l'éclat hâtif de son humilité, de sa pa-
» tience et de ses autres vertus. » (L. Veuillot.

L'enfant se montre pleine de candeur, mais
craintive. On voit bien que cette femme qu
la traite si durement n'est pas sa mère, et que
déjà elle a fait souffrir la pauvre enfant. Mais
voici la compensation.

Deuxième médaillon. — Germaine est dans
dans la prairie au milieu de son troupeau. Celui
qui *console les humbles et révèle aux petits les
mystères du royaume de Dieu*, l'attendait dans
la solitude pour lui parler au cœur. Le visage
de la sainte enfant a pris une expression pleine
d'une grâce majestueuse. N'en soyons pas sur-
pris. Dieu se plaît à transfigurer dès ici-bas ses
amis dans la prière, et bien malheureux sont
les hommes qui n'ont jamais rencontré quelque
pauvre ouvrier, quelque humble paysanne à
qui la foi vive donne une distinction, une no-

)lesse de physionomie qui relèvent la présence et l'action de Dieu au fond de l'âme. Dans le remarquable tableau envoyé de Rome à Pibrac et placé sur l'autel de la Bienheureuse, l'attitude de la bergère est plus extatique encore; mais, ici, Germaine n'est pas au milieu d'un ravissement, elle s'en va toute joyeuse, après avoir rassemblé autour de sa houlette son troupeau que garderont les Anges, entendre la messe dans l'église de Pibrac.

Troisième médaillon. — Grossi par l'orage, le Courbet est devenu un torrent qui bondit et écume.

> Germaine entend le bruit de la vague profonde,
>> Mais elle est calme, sans frayeur.
>> Quand l'innocence habite au cœur,
> Il ne craint rien, ni la foudre, ni l'onde. (*)

Quatrième médaillon. — Voici le miracle des fleurs. Tout à l'heure c'était un saisissant contraste entre l'impétuosité aveugle du torrent,

(*) Légende de la Bienheureuse Germaine Cousin, par Mme C. veuve B.

et la sérénité confiante de la petite bergère que Dieu chérit et protége; ici, un contraste plus saisissant encore. La méchanceté et l'innocence, l'avarice et la charité; la marâtre qui regrette le morceau de pain noir si péniblement gagné par l'enfant de la maison, et Germaine qui se prive de ce morceau de pain pour nourrir le pauvre de Jésus-Christ; entre les deux, la Providence qui se prononce; et au second plan, l'humanité, représentée par les deux bons habitants de Pibrac, qui se réjouit, admire et loue Dieu. On a dit, en comparant le *Jugement dernier* de Michel-Ange et celui du Beato, que le premier avait donné aux élus même quelque ressemblance avec les damnés, et le second aux damnés quelque parenté avec les élus. S'il est permis de comparer notre simple médaillon à ces toiles magistrales, nous dirons que M. Villiet n'a pas fait ainsi. La marâtre représente avec une vérité saisissante notre pauvre humanité déchue; c'est la physionomie humaine flétrie, bouleversée par les passions mauvaises dont elle revêt l'empreinte. Germaine est bien l'enfant de la Vierge Marie, l'enfant formée aux vertus de l'Evangile, qui, les yeux baissés, accepte la souffrance et prie pour celle qui la persécute. Tout cela est vivant.

Cinquième médaillon. — Etonné de ne pas voir paraître sa fille à l'heure accoutumée, Laurent Cousin va l'appeler sous l'escalier où, jusqu'à la fin, elle a voulu reposer chaque nuit. Il la trouve endormie du sommeil des justes. L'expression de ce personnage est belle. La surprise, la douleur sont tempérées par le respect et l'espérance. Il semble dire : « Ma sainte fille est avec Dieu ! »

Sixième médaillon. — Au milieu de la nuit deux Capucins cheminent. Tout à coup, l'horizon s'illumine ; ils voient passer dans les airs les Vierges des Cieux qui sont venues chercher l'âme de la vierge de Pibrac, désormais leur compagne. Ce médaillon aurait dû être placé à gauche, car l'apparition précéda la venue de

Jean Cousin à l'humble couche de sarments sur laquelle Germaine rendait l'âme, au moment où avait lieu l'apparition. Peut-être aussi trouverait-on cette apparition tellement aérienne, qu'on la distingue à peine; mais si nos faibles yeux aperçoivent difficilement les Vierges célestes, le regard des bons religieux, plus ravis encore qu'étonnés, ne nous les montre-t-il pas ?

FENÊTRE DU LEVANT.

Après l'histoire de la vie de notre Bienheureuse, l'histoire de son culte.

Premier médaillon. — Germaine est portée au tombeau par les jeunes filles de Pibrac, recueillies et heureuses de rendre ce dernier devoir à leur sainte compagne. On voit, sur le suaire, entre les mains jointes de Germaine, la couronne d'œillets et d'épis de seigle. Ce convoi n'inspire point de tristesse. Précieuse est devant le Seigneur la mort de ses bien-aimés.

Deuxième médaillon. — Le sonneur, déplaçant un carreau pour creuser une tombe, découvre à fleur de terre le corps de la Bergère, miraculeusement préservé de la corruption. Quelques fidèles, venus pour entendre la messe, s'approchent, et partagent sa stupéfaction.

Troisième médaillon. — Le cercueil a été placé dans l'église, debout et à demi-ouvert. Les villageois aiment à s'en rapprocher pour prier, mais il n'en est pas ainsi de dame Marie de Beauregard, que l'on voit ici, son livre d'heures à la main, et visiblement mécontente de se trouver si près du cadavre de la petite paysanne.

Quatrième médaillon. — Pour punir la fière dame de son dédain, Dieu l'a affligée d'une maladie cruelle, et son enfant qu'elle nourrit est menacé d'une mort prochaine. Mais Germaine est clémente. Elle apparaît pendant la nuit à dame de Beauregard, et lui promet de la guérir avec son enfant. Ce quatrième médaillon est d'une grâce achevée. La bergère se montre telle qu'elle fut ici-bas, simple, naïve, bonne; on voit bien que la gloire du ciel n'inspire pas d'orgueil. La mère et le petit enfant sont endormis, et cependant les traits de la noble dame portent l'empreinte d'un sentiment profond de bien-être, de paix, de joie; on sent que, guérie, elle va retrouver, à son réveil, l'enfant qui dort près d'elle, joyeux et bien portant.

Cinquième médaillon. — Justement reconnaissante, la dame de Bauregard, suivie d'une foule nombreuse, fait amende honorable à la bergère, devant le cercueil qu'elle avait méprisé.

Sixième médaillon. — Jean Dufour, archidiacre de l'église métropolitaine de Toulouse, vient commencer l'enquête canonique qui, plusieurs fois interrompue et reprise, aboutira, le 7 mai 1854, à la béatification de la fille de Laurent Cousin par Sa Sainteté Pie IX.

Dans cette description des verrières de M. Villiet, nous avons plus insisté sur l'impression produite par les médaillons que sur les qualités artistiques de l'œuvre. Nous croyons en cela être entré dans la pensée du chrétien artiste qui fait de l'art, non pour l'art, mais pour Dieu. L'art n'y perd rien. « M. Villiet en a suivi le » progrès, tout en restant fidèle à l'esprit chré- » tien. Les figures de ses verrières ont de la » régularité, du charme, toujours l'expression » du recueillement et de l'innocence (*) ». On s'arrêtera devant ses médaillons, non pas seu- lement pour admirer, mais pour prier.

VII.

Tel est le sanctuaire dans lequel reposeront désormais à Bordeaux les reliques de la Bien- heureuse Germaine. Tout y concourt à glorifier la sainte Bergère : dans la voûte, des armoiries

(*) Lettre de S. E. le Cardinal-Archevêque de Bor- deaux à M. Villiet, sur son dernier travail à l'église Saint-André.

ingénieusement inventées; dans les coins, sous les retombées des nervures, des Anges chantant les louanges de Germaine; dans la rose, des inscriptions qui rappellent ses vertus; sur les murs, autour des fenêtres, les fleurs des champs de Pibrac; dans les vitraux, l'histoire de la Bienheureuse. Enfin, derrière l'autel, Germaine elle-même, dans toute la splendeur de sa glorification, richement vêtue et dans une attitude qui commande le respect et la prière.

Pour compléter cette œuvre véritablement artistique, il faut que l'ameublement de la chapelle réponde de tout point à sa forme et à sa décoration. Dèjà, en suivant les indications de l'architecte, on a pu orner l'autel d'une croix et de six chandeliers d'un style excellent, un peu antérieur, il faut bien le dire, à celui du sanctuaire; mais quand il s'agit du moyen-âge, et surtout d'orfévrerie, il vaut mieux remonter que descendre.

Les deux Anges placés à droite et à gauche de la statue de la Bienheureuse doivent porter deux candélabres exécutés sur les dessins de M. Alaux.

Le reste est l'affaire du temps, et dépendra des précautions que prendront les fidèles de la Bienheureuse Germaine pour lui présenter des offrandes qui témoignent à la fois de leur piété, et de leur respect pour les règles sévères de l'art chrétien, encore bien peu connues.

VIII.

Cette chapelle si élégante et si recueillie, qu'était-elle, il y a un an ? Ce qu'était l'église Saint-Jacques tout entière, avant l'époque où, avec le concours des fidèles Bordelais, le Père Rauzan, de douce et vénérable mémoire, rendait au culte divin cette église où il avait fait sa première communion, et où devait reposer sa dépouille mortelle : une ruine. Une cave obscure était surmontée d'une pièce éclairée par une seule fenêtre et plus semblable à un grenier qu'à une chapelle. La seule consolation de cette portion de la vénérable et antique église, c'était d'avoir été abritée par ses épaisses murailles contre le bruit sacrilége de la voix des baladins paradant là où durant tant de siècles la voix de Dieu s'était fait entendre, et où le sang de Jésus-Christ avait coulé. Dans cette ruine, la piété et l'art sont entrés, se tenant par la main; la piété y a répandu ces larmes qui purifient, l'art y a laissé tomber un de ces regards d'où jaillit l'inspiration; et maintenant l'art y triomphe, et la piété y est dans l'allégresse.

Pour arriver à ce résultat si beau et si prompt, il a fallu des sacrifices.

Les Pères de la Miséricorde aimeraient à signaler ici bien des noms qui ont droit à une particulière reconnaissance; ces noms, que Dieu sait, et que la Bienheureuse Germaine n'oubliera jamais, il ne leur est pas permis de les prononcer. Tout ce que nous pouvons dire, c'est que la piété s'est montrée libérale et l'art généreux.

Puisse, mon Dieu, cette alliance de la piété et de l'art, cimentée une fois de plus au pied d'une Bergère humble et ignorante naguère, maintenant dans la gloire, durer toujours! Puisse la piété bien comprendre qu'elle doit, toutes les fois qu'elle le peut, demander à l'art ses ressources les plus fécondes pour exalter le Seigneur et ses élus! Puisse, à son tour, l'art préférer à jamais les inspirations qui descendent du ciel à celles qui montent de la terre!

Puissent les Chrétiens de notre âge venir, plus nombreux que jamais, réclamer l'intercession bienfaisante de la Sainte Bergère dans ce séjour qu'a préparé à ses reliques précieuses la reconnaissante vénération des affligés qu'elle a consolés, des malades qu'elle a guéris, des faibles qu'elle a soutenus, des pécheurs qu'elle a convertis, de tous les heureux qu'elle a faits!

Au temps jadis, l'Eglise St-Jacques de Bordeaux était pour les pèlerins de Compostelle une halte bénie. Quand les fatigues du voyage avaient épuisé leurs forces, ils trouvaient là

les grâces accordées au lieu même où l'on vé-
nère les restes sacrés de l'Apôtre de Jésus-
Christ. Que ce sanctuaire devienne lui-même
une halte pour les fervents pèlerins de Pibrac;
et si d'autres ne peuvent se donner l'incompa-
rable joie de prier là où Germaine pria, et de
fouler l'herbe des prairies où elle paissait son
troupeau, que du moins ils viennent ici, dans
ce Sanctuaire où tout parle d'elle et ouvre les
cœurs à la confiance; qu'ils viennent l'invoquer, méditer ses exemples, réclamer ses faveurs; ils s'en retourneront plus heureux et
meilleurs.

L'inauguration du nouveau Sanctuaire sera faite, le mardi 10 août, à neuf heures et demie du matin, par Son Eminence le Cardinal-Archevêque de Bordeaux. A l'Evangile de la Messe basse, célébrée par Son Eminence, Mgr COUSSEAU, Evêque d'Angoulême, fera une exhortation.

Un *Triduum*, prêché par le R. P. Carboy, prêtre de la Miséricorde, précédera cette solennité.

A l'occasion de cette fête, Son Eminence le Cardinal DONNET a daigné accorder : 1° Une indulgence de *cent jours*, à tous les fidèles qui assisteront à un exercice en l'honneur de la Bienheureuse Germaine, dans la chapelle Saint-Jacques; 2° une indulgence de *quarante jours*, à tous les fidèles qui viendront prier dans la chapelle Saint-Jacques, devant les reliques de la Bienheureuse.

Traduction des inscriptions latines
(pag. 16 et 18).

Voici le pain des Anges.

Je suis la fleur des champs.
Il a exalté les humbles.
Le torrent a reculé.
Donnez, et il vous sera donné.